BRUNCH COFFEE CLUB
그림과 음악으로 즐기는 브런치 레시피북

BRUNCH COFFEE CLUB
그림과 음악으로 즐기는 브런치 레시피북

초판 인쇄 2025년 6월 15일
초판 발행 2025년 6월 20일

글 · 그림 이성연 · 정혜빈
펴낸이 이찬규 | 펴낸곳 북코리아 | 등록번호 제03-01240호
주소 13209 경기도 성남시 중원구 사기막골로45번길 14 우림 2차 A동 1007호
전화 02-704-7840 | 팩스 02-704-7848
이메일 ibookorea@naver.com | 홈페이지 www.북코리아.kr
ISBN 979-11-94299-49-3 (13590)

값 18,500원

* 본서의 무단복제를 금하며, 잘못된 책은 구입처에서 바꾸어 드립니다.

BRUNCH COFFEE CLUB

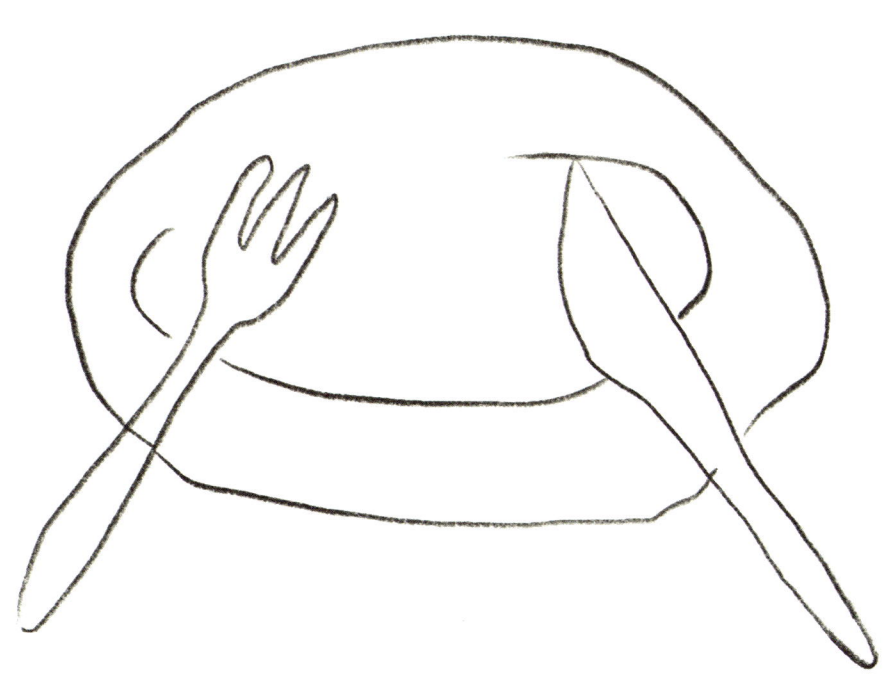

Ellie & Hyebbii's Table

PROLOGUE

어느 날 문득, 생각했어요.
'요리하는 시간이 조금 더 기분 좋은 경험이면 어떨까?'

바쁜 일상 속에서 요리는 때때로 귀찮고 번거로운 일이 되곤 해요.
하지만 그 시간을 조금만 다르게 바라볼 수 있다면,
나를 위해 잠시 쉬어가는 순간이 될 수도 있다고 믿었어요.
그렇게 이 책은 시작되었습니다.

손그림과 감각적인 레이아웃,
분위기를 더해주는 음악,
그리고 직접 만든 레시피가 함께하는
'경험하는 레시피북'이에요.

요리를 좋아하는 저희 두 사람은,
레시피뿐 아니라 저희가 느꼈던 행복도 함께 나누고 싶었어요.
그래서 요리할 때 들을 수 있는 플레이리스트를 넣었고,
직접 그림을 그려 책을 채웠습니다.
레시피마다 어떤 순간에 어울릴지 상상하며,
저희만의 감성을 꾹꾹 눌러 담았어요.

이 책은 서툴지만 진심을 담아 만든
저희의 첫 번째 책입니다.
글, 그림, 디자인, 음악까지
모두 저희 손으로 하나하나 직접 구성했어요.

이 책을 펼치는 시간이
여러분의 하루 속에 기분 좋은 순간이 되길 바랍니다.
브런치 한 끼가
오늘 하루를 더 감각적으로 만들어줄 수 있기를.

감사합니다.

브런치 커피 클럽 드림

CONTENTS

OUR FAVORITES

ESSENTIALS	10
VEGETABLE	12
FRUIT	14
CHEESE	16
SPICE	18
BREAD	20
PASTA	22

START FRESH

아보카도 토스트	26
연어 베이글	28
또띠아 오믈렛	30
토마토 바질 그릭요거트	32
터키쉬 에그	34

LIGHT & BREEZY

키위 베이글	38
리코타 크로스티니	40
블루치즈 오이 토스트	42
토마토 부라타 샌드위치	44
천도복숭아 토스트	46

FULL & FLAVORFUL

라구 파스타	50
보드카 파스타	52
트러플 풍기 리가토니	54
땅콩버터 소스 메밀면	56
뽀모도로 프레스코	58
상하이 파스타	60
바질 리코타 파스타	62

SLOW & SAVORY

양송이 수프	66
칙피 수프	68
머시룸 페스토	70
크림드 시금치	72

TREAT YOURSELF

단호박 부라타 치즈	76
토마토 팍시	78
리코타 피자	80
비프 타코	82

SWEET & DELIGHTFUL

바나나 브레드	86
애플 시나몬 그릭요거트	88
프렌치 토스트	90
당근 팬케이크	92
땅콩버터 바나나 토스트	94

email. brunchcoffeeclubtable@gmail.com
insta. @brunchcoffeeclub

이 책을 더 잘 즐기는 방법

1. 오른쪽 페이지 하단의 메모 공간을 활용해보세요.

    그날의 재료나 기분에 따라 자유롭게 요리하고,
    여러분만의 레시피나 아이디어를 메모 공간에 남겨보세요.

2. 플레이리스트 QR코드를 스캔하세요.

    각 카테고리에 어울리는 음악을 큐레이션해 담았습니다.
    챕터 첫 페이지에 있는 QR코드를 스캔하면,
    플레이리스트와 함께 더 감각적인 요리 시간을 즐길 수 있어요.

3. 만드는 과정을 영상으로 확인하세요.

    각 레시피에는 조리 과정을 담은 숏폼 영상 QR코드가 함께 수록되어 있어요.
    궁금할 땐 QR코드를 스캔해 바로 확인해보세요.

OUR FAVORITES

ESSENTIALS

VEGETABLE

FRUIT

CHEESE

SPICE

BREAD

PASTA

email. brunchcoffeeclubtable@gmail.com
insta. @brunchcoffeeclub

ESSENTIALS

1. **올리브 오일 Olive Oil**
   요리할 때 기본으로, 샐러드나 오픈 샌드위치 위에 톡톡 뿌려 풍미를 더해줘요.

2. **그릭요거트 Greek Yogurt**
   Hyebbii의 최애 재료. 요거트볼, 소스 베이스 등 다양하게 활용할 수 있는 든든한 기본템이에요.

3. **토마토 퓨레 Tomato Puree**
   파스타 소스는 물론, 샌드위치 소스나 수프에도 활용할 수 있어 늘 손이 가는 재료예요.

4. **오트밀 Oatmeal**
   오버나이트 오트밀부터 그래놀라, 베이킹까지 두루두루 유용한 필수템이에요.

5. **버터 Butter**
   소스에 깊은 맛을 더하고, 빵이나 구움 요리에 빠질 수 없는 재료예요.

6. **트러플오일 Truffle Oil**
   감자튀김이나 버섯 요리에 더해주면 맛이 확 고급스러워져요.

1

2

3

4

6

5

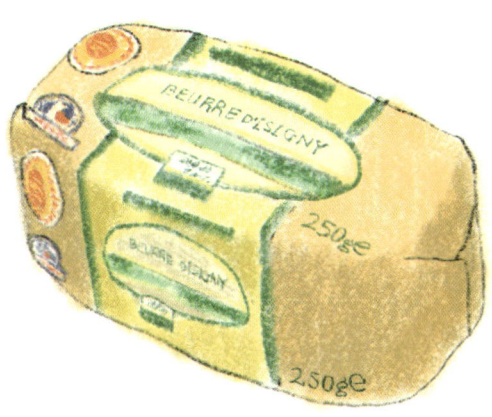

11

VEGETABLE

1. **스테비아 방울토마토 Cherry Tomato**
   그릭요거트와도 잘 어울리고, 바질과 함께 파스타에 넣어도 맛있어요.

2. **시금치 Spinach**
   버터에 소금, 후추만으로 볶아도 맛있고, 오믈렛 속재료로도 자주 써요. 크리미한 재료와도 잘 어울리는 채소랍니다.

3. **아보카도 Avocado**
   Ellie의 아침 단골 재료. 느끼하거나 짠 음식을 먹은 다음 날엔 꼭 아보카도 토스트로 입안을 산뜻하게 만들고 싶어요.

4. **양파 Onion**
   생으로도, 구워서도, 캐러멜라이즈드 해서도 모두 활용 가능해요. 특히 그릴드 치즈 토스트에 넣으면 깊은 맛이 살아나요. 파스타, 샌드위치, 카레 어디에나 빠지지 않는 재료예요.

5. **표고버섯 Shiitake Mushroom**
   쫄깃한 식감이 매력적인 채소예요. 파스타나 샌드위치에 넣으면 풍미도 식감도 훌륭해요.

6. **당근 Carrot**
   얇게 채 썰어 레몬즙, 올리브오일, 소금, 후추로 무치면 당근 라페 완성! 샌드위치에 넣어 아삭한 식감을 더해주는 스테디한 반찬이에요.

7. **양배추 Cabbage**
   매주 사두는 채소 중 하나예요. 얇게 채 썰어 오일에 구워 먹어도 좋고, 삶아서 고기에 곁들여도 정말 맛있어요.

8. **브로콜리 Broccoli**
   아직도 초장에만 찍어 드시나요? 버터에 살짝 구운 뒤 카레 가루를 뿌려주면 식감도 좋고 정말 맛있어요.

9. **가지 Eggplant**
   호불호가 있지만 알고 보면 정말 매력적인 채소예요. 두툼하게 썬 가지를 오일에 굽고 치즈, 햄, 루꼴라를 더해 만든 파니니는 특히 맛있어요. 모짜렐라나 리코타 치즈와도 잘 어울려요.

FRUIT

1. **천도복숭아 Nectarine**
   여름이면 꼭 찾게 되는 과일이에요. 샐러드로 만들어 먹거나 구워 먹으면 달달함이 배로 상승해서 더욱 맛있어요. 한번 맛보면 '여름 잘 보냈다'는 생각이 들죠.

2. **바나나 Banana**
   요거트볼 위에 올려도 좋고, 베이킹할 때 단맛을 더하기 위해서도 자주 써요. 특히 바나나는 땅콩버터나 시나몬가루와 정말 잘 어울려요.

3. **키위 Kiwi**
   새콤달콤하고 톡톡 튀는 맛이 매력적이에요. 요거트나 오픈 샌드위치 어디에 올려도 맛과 색감이 확 살아나요.

4. **사과 Apple**
   브리 치즈, 땅콩버터와 정말 잘 어울려요. 샌드위치, 요거트볼, 샐러드에 빠지지 않는 재료예요. 사과는 카야잼과도 조합이 좋답니다.

5. **냉동 베리 Frozen Berries**
   요거트 아이스크림에 넣거나 토핑으로도 좋고, 아사이볼 만들 때도 자주 써요. 새콤달콤한 맛이 입맛을 확 살려줘요.

CHEESE

1. 브리 치즈 Brie
   사과나 과일잼과 잘 어울리고, 바질·토마토와 함께 파스타에 넣어도 맛있어요.

2. 부라타 치즈 Burrata
   작가들의 최애 치즈예요. 토마토 파스타 위에 올리거나 반으로 찢어 샌드위치에 넣으면 완성도가 확 올라가요.

3. 페코리노 Pecorino Romano
   파르미지아노보다 풍미가 강하고 치즈 맛이 진해요. 락토프리(유당을 제거하거나 분해한 제품)라 단백질 함량도 높고, 까르보나라에 쓰이는 치즈예요.

4. 하바티 치즈 Havarti
   그냥 먹어도 맛있지만 녹여서 그릴드 치즈 토스트로 즐기면 가장 맛있어요.

5. 파르미지아노 Parmigiano Reggiano
   어디에나 갈아넣기 좋은 기본 치즈로 활용도가 가장 높아요.

6. 블루 치즈 Blue
   짭조름하고 깊은 풍미가 매력적인 치즈예요. 간단한 재료와도 색다른 조화를 만들어줘요.

7. 리코타 치즈 Ricotta
   샌드위치나 파스타 크림으로 좋고, 과일이나 샐러드와도 잘 어울려 활용도가 높아요.

SPICE

1. **바질 가루 Basil Flakes**
   토마토 베이스 파스타나 부라타 샌드위치 위에 솔솔 뿌리면 향이 살아나요. 플레이팅까지 완성도 있게 만들어주는 재료예요.

2. **오레가노 Oregano**
   토마토 퓨레에 넣거나, 발사믹 식초와 올리브 오일을 섞은 샐러드 드레싱에 더해도 풍미가 확 살아나요.

3. **파슬리 가루 Parsley Flakes**
   달걀 요리, 오일 파스타, 오픈 샌드위치 위에 톡톡 뿌려주면 색감과 상쾌한 향 모두를 더해줘요.

4. **스리라차 Sriracha**
   마요네즈와 꿀을 섞어 만든 스리라차 마요는 진짜 만능이에요. 타코 소스로도 치킨 파니니 소스로도 잘 어울려요.

5. **파프리카 가루 Paprika Powder**
   파스타에 넣어 깊은 맛과 색감을 더해주고, 아보카도 토스트나 당근 라페 샌드위치 위에 솔솔 뿌려도 잘 어울려요.

6. **시나몬 가루 Cinnamon Powder**
   바나나 브레드, 프렌치 토스트, 라떼 위에도 잘 어울려요. 한 스푼만 더해도 분위기를 바꾸는 터닝 포인트가 되어줘요.

7. **페퍼론치노 Peperoncino**
   오일 파스타엔 필수, 오픈 토스트에 살짝 뿌리면 매콤한 맛이 확 살아나요.

8. **바질 페스토 Basil Pesto**
   파스타나 샌드위치에 소스로 넣으면 간편하게 고급진 맛이 완성돼요. 크림 요리와도 잘 어울려요.

9. **카레 가루 Curry Powder**
   어디에 넣어도 맛이 보장되는, 실패 없는 만능 재료예요. 오뚜기 약간매운맛을 가장 추천합니다. 은은한 매운맛이라 부담 없이 자주 쓰게 돼요.

10. **양파 플레이크 Onion Flakes**
    샐러드, 카레, 볶음밥, 샌드위치랩 등 어디에 뿌려도 크런치한 식감을 더해줘요. 활용도가 정말 높아요.

1
2
3
4
5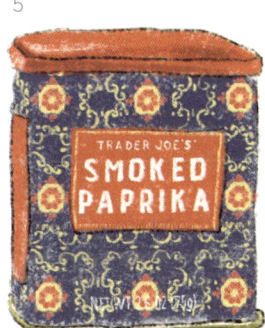
6
7
8
9
10

BREAD

1 **치아바타 Ciabatta**
Ellie의 재구매템. 구운 가지 토스트나 치킨 파니니 조합으로 많이 먹으며, 식감이 부드럽고 쫄깃해서 샌드위치용으로 어떤 재료와도 잘 어울려요.

2 **깜빠뉴 Pain de Campagne**
무화과나 견과류가 들어간 깜빠뉴에 크림치즈만 발라 먹어도 고소하고 만족감이 있어요.

3 **베이글 Bagel**
연어랑 조합해도 맛있고, 참깨 베이글을 버터에 구운 후 땅콩버터와 라즈베리 잼을 발라 먹어도 정말 맛있어요! 안 먹어봤다면 꼭 시도해보세요.

4 **피타 브레드 Pita Bread**
후무스나 버터치킨커리와 함께 먹어도 좋고, 남은 양념치킨이나 치즈 등 속을 채워 구워 먹는 토스트로도 맛있어요.

5 **사워도우 Sourdough**
Hyebbii의 최애 빵! 올리브 오일에 구워 어떤 오픈 토스트로 먹어도 맛있고, 캐러멜라이즈드 양파와 함께 그릴드 치즈 토스트로도 잘 어울려요.

6 **바게트 Baguette**
잠봉뵈르나 당근 라페 샌드위치에 잘 어울리는 클래식한 바게트. 딱딱해졌을 땐 프렌치 토스트로 활용하면 좋아요.

PASTA

1 파케리 Paccheri
큰 튜브형 면으로, 새우나 이탈리안 소시지가 들어간 라구 파스타에 어울려요. 속을 채워 오븐에 구워도 좋아요.

2 푸실리 Fusilli
나선형 면으로, 소스가 잘 감겨요. 치킨을 넣은 파스타나 파스타 샐러드에 자주 사용돼요.

3 파파르델레 Pappardelle
페투치네보다 더 넓고 두툼한 면. 고기나 버섯을 넣은 진한 라구 소스와 함께 먹으면 좋아요.

4 리가토니 Rigatoni
Ellie의 최애 파스타 면. 홈이 있는 넓은 튜브형 면으로, 큼직한 건더기가 있는 라구나 트러플 크림 파스타와 잘 어울려요.

5 펜네 Penne
사선으로 잘린 튜브형 면. 바질 크림 파스타, 상큼한 파스타 샐러드에 딱이에요.

6 페투치네 Fettuccine
납작한 리본 모양의 면으로, 꾸덕한 크림소스나 투움바 파스타를 만들기 좋아요.

7 카펠리니 Capellini
Hyebbii가 가장 좋아하는 파스타예요. '엔젤 헤어'라 불리는 아주 가느다란 면. 냉파스타, 들기름 파스타, 명란 오일 파스타에 잘 어울려요.

8 부카티니 Bucatini
가운데 구멍이 있는 스파게티처럼 생긴 면으로, 소스가 면 안까지 스며들어 풍미가 깊어요.

9 스파게티 Spaghetti
가장 기본이 되는 파스타. 어떤 소스와도 잘 어울리며, 매콤한 파스타에 특히 잘 맞아요.

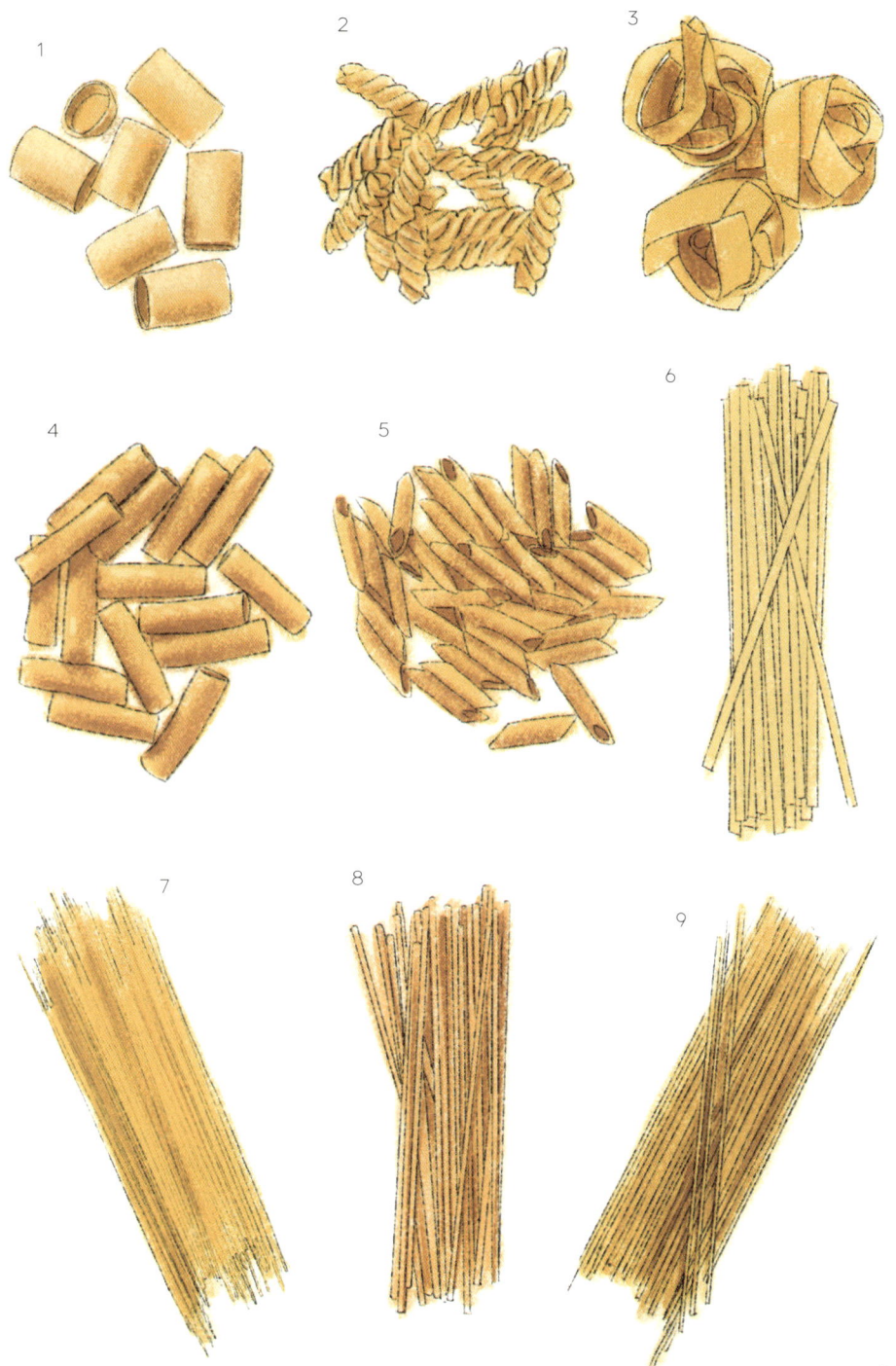

AVOCADO TOAST
아보카도 토스트

유럽 어느 브런치 카페를 가도 빠지지 않는 메뉴, 아보카도 토스트. 오랫동안 사랑받아온 이유가 있는 인기 메뉴예요. 아보카도 토스트로 아침을 시작하면, 그날 하루가 그렇게 상쾌할 수 없을 정도로 가볍고 산뜻해지죠.

Ingredients

사워도우 1조각
아보카도 1/2개
페코리노 치즈
소금
후추
달걀 1개(선택)
페퍼론치노
올리브 오일

* 치즈는 갈아 쓰는 다른 치즈를 활용해도 괜찮아요.

Direction

1. 팬에 올리브 오일을 두르고 사워도우 한 조각을 바삭하게 구워줍니다.
2. 아보카도를 으깬 후, 소금과 후추를 한 꼬집씩 넣어 골고루 섞어주세요.
3. 구운 사워도우 위에 으깬 아보카도를 넉넉하게 올립니다.
4. 페코리노 치즈를 갈아 뿌리고, 페퍼론치노로 마무리하면 완성!

★ 풍미를 더 원한다면 달걀 프라이를 추가해도 좋아요.

cook with BCC!

LOX BAGEL
연어 베이글

LA 산타모니카에서 유명한 베이글 맛집, Layla Bagels. 거기서 처음 맛본 Lox Bagel의 맛이 잊히지 않아서, 결국 집에서 직접 만들어보게 되었어요. 정확히 같은 맛은 아니지만, 그 순간을 떠올리며 충분히 만족할 수 있는 레시피랍니다.

Ingredients

베이글 1개
크림치즈 30g
슬라이스한 토마토
훈제 연어
적양파 절임
딜
케이퍼
올리브 오일
후추

Onion pickles

적양파 1개(얇게 슬라이스)
애플 사이다 비네거 1/2컵
따뜻한 물 1/4컵
설탕 1t
소금 1t

Direction

1. 베이글을 반으로 자르고 바삭하게 굽습니다.
2. 크림치즈를 얇게 펴 바릅니다.
3. 토마토 슬라이스를 올립니다.
4. 훈제 연어를 넉넉하게 올립니다.
5. 적양파 절임을 올려 상큼함과 아삭함을 더합니다.
6. 딜과 케이퍼를 올려 마무리합니다.
7. 마지막으로 올리브 오일과 후추를 살짝 뿌리면 완성!

★ 적양파 절임 만들기
슬라이스한 적양파를 볼에 담고, 애플 사이다 비네거, 따뜻한 물, 설탕, 소금을 섞어 부어줍니다. 약 30분 이상 절이면 완성!

cook with BCC!

OMELETTE

또띠아 오믈렛

미국 드라마 속 주인공이 늘 출근 전에 오믈렛을 먹는 장면을 보면서, 나도 회사 다니면 아침으로 오믈렛을 꼭 해먹어야겠다는 작은 꿈이 생겼어요. 뭘 먹을지 고민될 때, 가볍지만 영양 가득한 아침이 필요할 때 추천드려요.

Ingredients

달걀 2개
소금
후추
좋아하는 채소
(양송이버섯, 주키니, 양파 등)
또띠아 1장
하바티 치즈 1장
올리브 오일
어린잎 채소(선택)
양파 후레이크(선택)

* 치즈는 콜비잭, 모짜렐라, 체다치즈도
 사용 가능합니다.

Direction

1. 달걀을 풀어 소금과 후추를 한 꼬집씩 넣습니다.
2. 팬에 올리브 오일을 두르고, 준비한 채소를 볶습니다.
3. 볶은 채소를 팬에 그대로 두고, 푼 달걀을 팬에 붓습니다.
4. 달걀 가장자리가 익기 시작하면 또띠아를 위에 덮고 조심스럽게 뒤집어줍니다.
5. 또띠아 위에 하바티 치즈 한 장을 올린 후, 반으로 접습니다.
6. 마지막으로 어린잎 채소나 양파 후레이크를 뿌려 마무리합니다.

cook with BCC!

TOMATO YOGURT

토마토 바질 그릭요거트

신선한 토마토와 바질, 그리고 그릭요거트의 조합은 마치 여름 아침을 한 그릇에 담아낸 듯한 느낌이에요. 가볍고 상쾌한 맛이 입안을 감싸면서도 은근한 포만감도 줘요. 하루를 산뜻하게 시작하고 싶다면, 토마토 바질 그릭요거트 한입 해보세요.

Ingredients

스테비아 방울토마토 5알
바질 페스토 1T
타바스코 소스(선택)
그릭요거트 100g
루꼴라
그래놀라
양파 후레이크
메이플 시럽
크래커

Direction

1. 방울토마토를 2등분 또는 4등분으로 잘라줍니다.
2. 볼에 그릭요거트를 담고 그래놀라를 넣은 뒤, 썰어둔 방울토마토를 올립니다.
3. 바질 페스토를 넣고, 매콤함을 원한다면 타바스코 소스를 살짝 추가합니다.
4. 루꼴라를 올리고, 양파 후레이크를 뿌린 뒤 메이플 시럽을 둘러줍니다.
5. 잘 섞어서 크래커와 함께 즐기면 더욱 맛있어요.

TURKISH EGG

터키쉬 에그

달걀을 색다르게 즐기고 싶다면, 터키쉬 에그를 만들어보세요. 튀르키예의 대표적인 브런치 메뉴로, 고소한 요거트와 향긋한 허브 오일이 어우러져 빵에 발라 먹으면 그 맛이 정말 좋아요. 소화도 잘돼고, 이국적인 맛을 느끼게 해주는 매력적인 요리예요.

Ingredients

파프리카 파우더 1T
식초 1T
요거트 80g
달걀 2개
다진 마늘 1t
버터 20g
딜

Direction

1. 물에 식초를 넣고 끓입니다. 물이 끓어오르면 달걀 두 개를 살포시 풀어 넣고, 불을 끈 뒤 2-3분 기다린 후 건져내어 수란을 완성합니다.
2. 요거트와 다진 마늘을 섞어 소스를 만듭니다.
3. 프라이팬에 버터를 녹이고 파프리카 파우더를 뿌려 파프리카 기름을 만들어줍니다.
4. 접시에 요거트 소스를 깔고 수란 두 개를 올립니다.
5. 파프리카 기름을 듬성듬성 부어주고 딜을 올려 장식하면 완성!

cook with BCC!

KIWI BAGEL

키위 베이글

오이와 키위로 샌드위치를 만든다고? 의외의 조합 같지만, 한입 베어 무는 순간 입안 가득 상큼함이 퍼져요. 여름 아침, 햇살이 들어오는 창가에서 키위 베이글과 커피 한 잔을 곁들이면 그 순간만큼은 세상 부러울 것이 없죠. 가볍고 신선한 이 샌드위치, 꼭 한번 즐겨보세요.

Ingredients

오이 1/2개
골드키위 1개
베이글 반쪽
그릭요거트
소금
후추
꿀

Direction

1. 베이글을 에어프라이어에 175도에서 4분간 구워줍니다.
2. 오이를 필러로 얇게 썰고 소금에 7분 동안 절인 뒤 물기를 짭니다.
   * 기다란 면을 따라 필러로 얇게 밀어내듯 썰어주는 것이 가장 편해요.
3. 골드키위를 적당한 두께로 잘라 준비합니다.
4. 구운 베이글에 그릭요거트를 듬뿍 바르고, 오이와 골드키위를 얹습니다.
5. 꿀을 두르고 후추를 뿌려 마무리하면 완성!

✱ 신맛이 적은 골드키위로 만드는 걸 추천드려요.

RICOTTA CROSTINI

리코타 크로스티니

달콤한 것이 당기지만 디저트는 부담스러울 때, 리코타 크로스티니가 딱이에요. 부드러운 리코타 치즈의 깊은 풍미와 바삭한 빵이 어우러져 입안을 즐겁게 해줘요. 가벼운 아침 식사로도, 간단한 간식으로도 딱인 메뉴예요.

Ingredients

빵 두 쪽(식빵, 깜빠뉴 추천)
휘핑크림(또는 생크림) 20ml
리코타 치즈 200g
설탕 1t
꿀 1t
올리브 오일 1t
소금
후추
좋아하는 과일(선택)

Direction

1. 리코타 치즈, 생크림, 설탕, 올리브 오일, 꿀, 소금을 섞어 리코타 크림을 만듭니다.
2. 만들어진 크림을 짤주머니에 넣습니다.
3. 빵을 노릇하게 구워준 뒤, 리코타 크림을 짜서 올립니다.
4. 올리브 오일을 살짝 두르고, 후추를 뿌려 마무리하면 완성!

★ 샤인머스캣이나 딸기 같은 과일을 곁들여 먹으면 더욱 맛있어요!

cook with BCC!

BLUE CHEESE TOAST

블루 치즈 오이 토스트

블루치즈와 오이의 만남이라니, 상상만으로도 궁금해지지 않나요? 꼬릿하고 짭조름한 블루치즈에 아삭한 오이가 더해져 의외로 잘 어울리는 조화를 만들어냅니다. 한번 맛보면 예상치 못한 풍미에 흠뻑 빠져들 거예요.

Ingredients

블루치즈 100g
오이 2/3개
치아바타 한 쪽
꿀
소금
후추

Direction

1. 블루치즈를 얇게 슬라이스합니다.
2. 오이는 필러로 길게 슬라이스한 뒤, 소금에 10분 동안 절여 물기를 제거합니다.
3. 빵 크기에 맞게 오이를 잘라 빵 위에 얹습니다.
4. 그 위에 블루치즈를 올리고, 에어프라이어에서 180도로 7분간 또는 오븐에서 180도로 10분간 구워줍니다.
5. 취향에 따라 후추와 꿀을 뿌려주면 완성!

TOMATO BURRATA

토마토 부라타 샌드위치

토마토와 부라타 치즈의 조합은 언제나 옳아요. 신선한 토마토의 산뜻함과 부라타의 크리미한 식감이 어우러져, 한입 베어 물 때마다 여름의 산뜻함이 그대로 전해져요. 이 샌드위치 하나면 무더위도 잊고 상큼하게 하루를 시작할 수 있을 거예요.

Ingredients

부라타 치즈 100g
그릭요거트 50g
얼린 스테비아 방울토마토 2알
사워도우 1조각
올리브 오일
꿀
소금
후추
바질 가루

Direction

1. 사워도우는 굽지 않고 말랑한 상태로 준비합니다.
2. 사워도우에 그릭요거트를 잼 바르듯 발라줍니다.
3. 중앙에 부라타 치즈를 얹고 반으로 살짝만 갈라줍니다.
4. 꿀과 올리브 오일을 전체적으로 두르고, 소금과 후추를 뿌립니다.
5. 얼린 스테비아 방울토마토를 그라인더로 갈아 올립니다.
6. 바질 가루를 뿌려 마무리!

cook with BCC!

NECTARINE TOAST

천도복숭아 토스트

덜 익은 천도복숭아를 구워보니, 의외로 깊은 단맛이 살아나더라고요. 은은한 바질 향이 밴 천도복숭아 토스트는 마치 파리의 어느 카페에서 팔 것 같은 맛이 나요. 여름의 맛이 가득 담긴 토스트예요.

Ingredients

깜빠뉴 한 쪽
(또는 사워도우, 식빵)
천도복숭아 1개
바질 5장
버터 15g
그릭요거트 70g
꿀
후추

Direction

1. 버터를 녹인 팬에 깜빠뉴를 노릇하게 굽습니다.
2. 천도복숭아를 반달 모양으로 자릅니다.
3. 프라이팬에 오일을 두르고 바질을 튀기듯 구워 향을 입힌 뒤, 손질한 복숭아를 노릇하게 익힙니다.
4. 구운 깜빠뉴에 그릭요거트를 듬뿍 바르고, 익힌 복숭아를 올립니다.
5. 튀긴 바질을 올리고 후추와 꿀을 뿌려 완성합니다.

FULL &

든든하고 풍

LAVORFUL

득한 요리

Playlist

RAGU PASTA
라구 파스타

어려워 보이지만, 사실은 간단한 재료로 뚝딱 만들 수 있는 든든한 파스타랍니다. 실패할 일이 없고, 집에서 직접 만들면 원하는 만큼 고기를 듬뿍 넣을 수 있어 오히려 더 맛있어요. 가끔은 사 먹는 것보다 직접 요리하는 게 훨씬 만족스러울 때가 있죠.

Ingredients

파스타 100g
샐러리 1/4개
양파 1/4개
당근 1/4개
소고기 다짐육 100g
마늘(슬라이스)
레드 와인 2T(선택)
토마토 퓨레 200g
올리브 오일
소금
후추
면수 1국자
파르미지아노 치즈

* 파스타는 파파르델레, 리가토니, 페투치네, 스파게티를 추천드립니다.

Direction

1. 샐러리, 양파, 당근을 1:1:1 비율로 잘게 다져줍니다.
2. 팬에 올리브 오일을 두르고, 다진 채소를 소금, 후추 한 꼬집씩 넣어 약불에 볶아줍니다.
3. 채소가 충분히 볶아지면 다른 그릇에 옮겨둡니다.
4. 같은 팬에 올리브 오일을 두르고, 슬라이스한 마늘을 넣어 향을 낸 뒤 소고기 다짐육을 넣고 소금, 후추를 한 꼬집씩 뿌려 중약불에 볶아줍니다.
5. 레드 와인이 있다면 넣어 향을 더해줍니다.
6. 볶아둔 채소를 다시 팬에 넣고, 토마토 퓨레를 추가합니다.
7. 약불로 끓이며 간을 보고, 필요하면 소금을 추가합니다.
8. 미리 삶아둔 파스타 면을 넣고, 면수 한 국자를 부어 잘 섞어줍니다.
9. 마지막으로 파르미지아노 치즈를 갈아 올리면 완성!

★ 6번 이후, 끓는 물에 파스타 면을 삶아주세요.

VODKA PASTA
보드카 파스타

미국 패밀리 레스토랑에서 빠지지 않는 메뉴, 보드카 파스타. 매운 토마토 크림 소스 맛으로 한국인 입맛에도 잘 맞을 것 같아요. 보드카 없이 만들어도 충분히 맛있어 자주 해 먹곤 했어요. 미국식 로제 떡볶이 같은 느낌의 파스타라고 생각하면 이해가 쉬울 것 같네요.

Ingredients

파스타 100g (푸실리, 리가토니 추천)
닭고기 (또는 원하는 고기)
크림치즈 2T (또는 생크림)
마늘 2개
양파 1/4개
페퍼론치노 1t
토마토 퓨레 200g
올리브 오일
소금
후추
면수 1국자
모짜렐라 치즈 (또는 슈레드 치즈)

Direction

1. 양파와 마늘을 잘게 다집니다.
2. 팬에 올리브 오일을 두르고, 다진 양파와 마늘을 넣어 약불에 볶습니다. 페퍼론치노도 함께 넣고 향이 올라올 때까지 볶아주세요.
3. 닭고기를 넣고 익을 때까지 볶습니다.
4. 토마토 퓨레와 크림치즈를 넣어 잘 섞어줍니다.
5. 간을 보며 소금, 후추를 한 꼬집씩 넣고, 한소끔 끓여줍니다.
6. 삶아둔 면을 넣고, 면수 한 국자를 부어 소스와 잘 섞이도록 저어줍니다.
7. 모짜렐라 치즈나 슈레드 치즈가 있다면 마지막에 넣어 녹여줍니다.

★ 3번 이후, 끓는 물에 파스타 면을 삶아주세요.

TRUFFLES PASTA
트러플 풍기 리가토니

버섯 크림 파스타를 워낙 좋아하다 보니, 여기저기 맛보러 다녔어요. 그러다 결국 '내가 원하는 버섯 크림 파스타의 맛'을 고민하며 직접 만들어보게 되었어요. 여러 손님들에게 대접했는데, 하나같이 좋은 반응을 얻었던 레시피랍니다. 특별한 날, 소중한 사람들에게 대접해보는 건 어떠세요?

Ingredients

파스타 100g (리가토니 추천)
양송이 혹은 표고 버섯
돼지 다짐육 100g
다진 마늘 1개
밀가루 10g
버터 10g
우유 150ml
트러플 페스토 1T
트러플 오일
올리브 오일
소금
후추
면수 1국자

Direction

1. 팬에 올리브 오일을 두르고, 다진 마늘과 돼지 다짐육을 넣어 약불에 볶습니다. 소금, 후추로 간을 맞춰주세요.
2. 다른 팬에 올리브 오일을 두르고, 원하는 버섯을 넣어 소금, 후추와 함께 약불에 볶습니다.
3. 냄비에 밀가루와 버터를 넣고 약불에서 볶아가며 섞다가, 우유를 천천히 부어 크림 소스를 만듭니다. 소금, 후추로 간을 맞춰주세요.
4. 완성된 크림 소스에 트러플 페스토를 넣고 잘 섞어줍니다.
5. 크림 소스에 볶아둔 돼지 다짐육과 버섯을 넣고, 삶아둔 파스타를 추가합니다.
6. 면수 한 국자를 넣어 섞다가, 점도가 생길 때까지 조립니다.
7. 접시에 담고 트러플 오일과 후추를 뿌려 마무리합니다.

✱ 2번 이후, 끓는 물에 파스타 면을 삶아주세요.

PEANUT NOODLE

땅콩버터 소스 메밀면

땅콩버터, 메밀면, 그리고 구운 채소들의 조합이 잘 어울린다는 걸 알고 계셨나요? 냉장고 속 남아 있던 채소들을 활용해 가볍게 만들어보세요. 간단하지만 영양 가득한 한 끼가 될 거예요.

Ingredients

메밀면 70g
좋아하는 채소
(가지, 버섯, 주키니, 파프리카 등)
방울토마토
아보카도 1/2개
삶은 달걀 1개
올리브 오일

Sauce

땅콩버터 1T
진간장 1T
레몬즙 1T
물 2T
알룰로스(또는 꿀) 1t

Toppings

양파 후레이크
참깨

Direction

1. 메밀면을 삶아 찬물에 헹궈 준비합니다.
2. 팬에 올리브 오일을 두르고, 좋아하는 채소를 약불에서 노릇하게 구워줍니다.
3. 볼에 삶은 메밀면, 구운 채소, 방울토마토, 다진 아보카도, 삶은 달걀을 넣습니다.
4. 땅콩버터, 진간장, 레몬즙, 알룰로스, 물을 섞어 소스를 만들고 골고루 뿌려줍니다.
5. 마지막으로 양파 후레이크와 참깨를 톡톡 뿌려 마무리합니다.

cook
with
BCC!

POMODORO

뽀모도로 프레스코

이탈리아 친구들과 함께 여행하던 중, 숙소에 늦게 도착해 문을 연 식당이 없었죠. 결국 장을 봐서 직접 요리하기로 했는데, 이탈리아 친구가 뚝딱 만들어준 파스타가 바로 이 요리였어요. 토마토 소스 대신 방울토마토를 사용한 심플한 파스타였지만, 지금까지 먹어본 토마토 파스타 중 가장 인상 깊었던 맛이었어요.

Ingredients

파스타 100g(스파게티 면 추천)
마늘 1~2개
방울토마토 200g
생바질
올리브 오일
소금
후추
면수 1국자
부라타 치즈 70g

* 치즈는 파르미지아노 레지아노와
  리코타 치즈도 맛있어요.

Direction

1. 팬에 올리브 오일을 넉넉히 두르고, 방울토마토를 넣어 약불에 볶습니다.
2. 마늘을 으깨서 팬에 넣습니다.
3. 팬 뚜껑을 닫고 약불에서 10분 정도 둔 뒤, 토마토가 충분히 익었는지 확인합니다. 익은 토마토는 으깨고, 마늘은 건져냅니다.
4. 생바질을 조금 찢어 넣고, 소금과 후추로 간을 맞춥니다.
5. 삶아둔 스파게티 면과 면수 한 국자를 넣고, 소스가 걸쭉해질 때까지 잘 섞어줍니다.
6. 마지막으로 생바질을 조금 찢어 올려 마무리합니다.
7. 접시에 옮겨 부라타 치즈를 올리면 완성!

★ 2번 이후, 끓는 물에 파스타 면을 삶아주세요.

cook with BCC!

SHANGHAI PASTA

상하이 파스타

지금의 X가 트위터였던 시절, 막 고등학교를 졸업하고 친구와 함께 요리를 해 먹기로 했어요. 친구가 트위터에서 유행하는 레시피라며 꼭 만들어달라고 해서 따라 해봤는데, 이 요리를 아직까지 만들어 먹게 될 줄은 몰랐네요. 5년이 지난 지금도 친구들 사이에서 '이건 정말 맛있다'는 칭찬을 듣는 레시피랍니다.

Ingredients

파스타 100g(페투치네 추천)
진간장(또는 비빔면 비빔장) 1T
양배추 100g
양파 1/4개
마늘 2개
페퍼론치노 1t
새우(또는 베이컨, 대패삼겹살)
굴소스 1T
고춧가루 1t(선택)
달걀 1개
참기름
참깨
대파(또는 쪽파)
올리브 오일
면수 1국자

Direction

1. 팬에 올리브 오일을 두르고, 슬라이스한 마늘과 페퍼론치노를 넣어 약불에 볶습니다.
2. 기름이 붉게 변하면 슬라이스한 양파를 넣고 투명해질 때까지 볶아줍니다.
3. 양배추를 추가하고, 새우를 넣어 함께 볶습니다.
4. 굴소스, 간장 또는 비빔면 비빔장을 넣고 잘 섞어줍니다. 매운맛을 원하면 고춧가루도 추가해주세요.
5. 삶아둔 스파게티 면과 면수 한 국자를 넣고, 소스가 잘 배도록 섞어줍니다.
6. 팬 중앙에 공간을 만들고 달걀을 깨 넣은 후, 팬 뚜껑을 닫고 흰자가 익을 때까지 기다립니다.
7. 마지막으로 참기름을 한 바퀴 둘러 풍미를 더하고, 참깨와 대파를 뿌려 마무리합니다.

★ 2번 이후, 끓는 물에 파스타 면을 삶아주세요.

BASIL PASTA
바질 리코타 파스타

이상하게 바질 페스토로만 파스타를 만들면 항상 뭔가 부족한 느낌이었어요. 좀 더 크리미하면 좋겠다는 생각이 들었죠. 여러 가지 치즈를 넣어본 끝에, 리코타 치즈와 섞었을 때 가장 조화로운 맛이 나더라구요. 바질의 향과 리코타의 부드러움이 어우러져 한층 더 풍부한 맛이 나는 파스타예요.

Ingredients

파스타 100g (리가토니, 펜네 추천)
바질 페스토 1T
리코타 치즈 1T
파르미지아노 치즈
(또는 페코리노 치즈)
면수 반 국자
후추

Direction

1. 약불에서 삶아둔 파스타 면에 바질 페스토와 면수 반 국자를 넣고 잘 섞어줍니다.
2. 불을 끄고 리코타 치즈를 넣어 부드럽게 섞어줍니다.
3. 그릇에 옮겨 담고, 후추와 갈아낸 파르미지아노 레지아노 치즈를 뿌려 마무리합니다.

★ 요리를 시작할 때, 끓는 물에 파스타 면을 삶아주세요.

cook with BCC!

SLOW &

느긋하게 즐기

SAVORY

수프와 소스

Playlist

MUSHROOM SOUP

양송이 수프

인스턴트 수프로는 만족이 안 돼서, 냉장고 속 양송이로 직접 수프를 끓여봤어요. 루 없이도 이렇게 부드럽고 깊은 맛을 낼 수 있다니, 레스토랑 부럽지 않아요. 추운 날, 따뜻한 한 그릇으로 몸과 마음을 포근하게 녹여보세요.

Ingredients

양송이버섯 6알
우유 220ml
물 60ml
생크림 120ml
다진 양파 1/2개
버터 25g
다진 마늘 1T
밀가루 1T
그라나 파다노 치즈
소금
후추

Direction

1. 냄비에 버터를 넣고 가열한 뒤, 다진 양파를 넣고 볶습니다.
2. 양파가 노릇해질 때쯤 다진 마늘을 넣고 중약불에서 볶습니다.
3. 밀가루를 넣고 골고루 섞으며 볶아줍니다.
4. 썰어둔 양송이 버섯을 넣고 볶다가 물, 우유, 생크림을 넣고 중약불에서 끓입니다.
5. 소금과 후추로 간을 맞추고, 그라나 파다노 치즈를 갈아 넣습니다.
6. 걸쭉해질 때까지 끓여주면 완성!

✷ 구운 바게트와 함께 먹으면 더욱 맛있습니다.

cook with BCC!

CHICKPEA SOUP

칙피 수프

체코에서 맛본 칙피 수프의 감동을 집에서도 느껴보고 싶었어요. 병아리콩과 다양한 채소가 어우러진 따뜻한 수프는 감기 기운도 물리칠 만큼의 힘을 가지고 있어요. 영양도 풍부하고, 마음까지 따뜻해지는 한 그릇이에요.

Ingredients

삶은 병아리콩 400g
올리브 오일 1T
다진 마늘 1T
대파(손가락 세 마디 길이)
감자 100g
당근 1/3개
양파 1/2개
바질 가루 1t
오레가노 1t
파프리카 파우더 1T
치킨스톡 큐브 1개
물 250ml
소금
후추

Direction

1. 냄비에 올리브 오일을 두르고 대파와 다진 마늘을 볶습니다.
2. 슬라이스한 양파와 당근, 깍뚝 썬 감자, 병아리콩을 넣고 함께 볶습니다.
3. 바질 가루, 오레가노, 파프리카 파우더, 소금을 넣고 섞습니다.
4. 물과 치킨스톡 큐브를 넣고 약불에서 약 30분간 끓입니다.
5. 끓이는 동안 밑바닥이 눌러붙지 않게 가끔 저어줍니다.
6. 수프의 1/3을 남기고 나머지를 블렌더에 넣고 갈아줍니다.
7. 갈아준 수프와 남겨둔 수프를 합쳐 다시 5분간 끓이며 소금과 후추로 간을 맞추면 완성!

cook with BCC!

MUSHROOM PESTO
머시룸 페스토

양송이버섯을 사랑하는 마음으로 만들어본 머시룸 페스토. 깊고 고소한 버섯 향이 가득 담겨 있어요. 빵에 발라 먹어도, 파스타에 곁들여도 훌륭한 한 스푼. 이 페스토로 아침을 시작하면, 그 하루는 분명 더 특별해질 거예요.

Ingredients

버터 20g
양송이버섯 6개
양파 1/2개
마늘 3알
올리브 오일 1T
트러플 페스토 1T
파르미지아노 치즈
소금 1t

Direction

1. 팬에 버터를 녹이고 슬라이스한 양파를 넣고 볶습니다.
2. 양파가 노릇해질 때까지 볶은 뒤, 다진 마늘을 넣고 함께 볶아줍니다.
3. 슬라이스한 양송이를 넣고 갈색이 날 때까지 볶아줍니다.
4. 믹서기에 볶은 재료를 넣고 올리브 오일, 트러플 페스토, 파르미지아노 치즈, 소금을 넣어 갈아주면 완성!

★ 빵에 발라 먹거나 파스타와 곁들여도 좋습니다.

CREAMED SPINACH
크림드 시금치

시금치 무침이 지겨워질 때쯤, 유럽에서 크림드 시금치를 맛보고 새로운 방식으로 시금치를 즐길 수 있다는 걸 알게 됐어요. 시금치가 이렇게 고소할 수 있다니. 스테이크 가니쉬로도 훌륭하지만, 바삭한 빵에 발라 먹으면 더욱 근사한 한 끼가 돼요. 어느새 접시가 비어버리는, 마법 같은 요리랍니다.

Ingredients

시금치 150g
버터 15g
마늘 3알
양파 1/2개
밀가루 1T
넛맥 약간
우유 140ml
소금
후추

Direction

1. 시금치를 냄비에 넣고 기름 없이 중약불에서 3-4분 삶아줍니다.
2. 마늘은 다지고 양파는 슬라이스하여 준비합니다.
3. 촉촉해진 시금치의 물기를 짠 후 잘게 썰어줍니다.
4. 팬에 버터를 넣고 녹인 뒤, 다진 마늘과 슬라이스한 양파를 넣고 중약불에 볶습니다.
5. 밀가루를 넣고 섞다가 넛맥을 갈아 넣습니다.
6. 우유를 넣고 잘 섞어준 뒤, 준비된 시금치를 넣습니다.
7. 소금으로 간을 맞추고 걸쭉해질 때까지 끓인 후 후추를 뿌려 마무리하면 완성.

★ 스테이크와 함께 먹거나 빵에 발라 먹어도 좋습니다.

URSELF

한 메뉴

Playlist

PUMPKIN BURRATA

단호박 부라타 치즈

따뜻한 단호박과 부라타 치즈의 조합은 그 자체로 포근한 위로가 돼요. 단호박의 자연스러운 단맛과 부라타의 크리미한 식감이 어우러져, 간단하지만 든든한 한 끼로 즐기기 좋죠. 맛있는 단호박을 이렇게도 즐길 수 있다니, 단호박의 매력은 끝도 없네요.

Ingredients

단호박 1개
부라타 치즈 120g
바질 페스토
올리브 오일
메이플 시럽
소금
후추
장식용 바질(선택)

Direction

1. 단호박을 반으로 나눈 뒤 씨를 다 긁어냅니다.
2. 단호박을 피자 썰듯 8~10조각 내줍니다.
3. 단호박에 오일을 묻히고 소금을 조금 뿌린 뒤 에어프라이어에 180도로 15분 혹은 오븐 180도로 18분 돌립니다.
4. 단호박을 그릇에 꽃처럼 펼치고 단호박 사이사이 바질 페스토를 바릅니다.
5. 꽃 모양의 단호박 중앙에 부라타 치즈를 놓습니다.
6. 치즈를 살짝 갈라준 뒤 취향껏 올리브 오일, 후추, 소금, 메이플 시럽을 뿌리고 장식용 바질을 올려주면 완성!

cook with BCC!

TOMATO FARCI

토마토 팍시

프랑스에서 즐겨 먹는 토마토 팍시. 만들기는 어렵지 않지만, 완성된 모습은 레스토랑에서 마주할 법한 비주얼이에요. 보기 좋은 떡이 먹기도 좋다는 말이 딱 어울리는 요리예요. 한 입 맛보면 왠지 우아해지는 기분까지 느껴지는 음식이랍니다.

Ingredients

토마토 2개
모짜렐라 치즈
돼지 다짐육 100g
다진 양파 1/2개
다진 대파(손가락 두 마디 길이)
다진 마늘 1T
올리브 오일
바질페스토 1T
소금
후추
파슬리(선택)

Direction

1. 토마토 윗부분을 살짝 잘라 뚜껑을 만들어주고, 속을 숟가락으로 파냅니다.
2. 토마토 속, 양파, 대파를 모두 다져줍니다.
3. 프라이팬에 올리브 오일을 두르고 다진 양파, 대파, 다진 마늘을 넣어 중약불에 볶습니다.
4. 채소들이 노릇해지면 다져놓은 토마토 속을 넣고 볶아주다가 돼지 다짐육과 소금을 넣고 볶습니다.
5. 고기가 어느 정도 익으면 바질페스토를 넣고 볶다가, 불을 끄고 후추를 넣어 마무리합니다.
6. 토마토의 빈 속에 볶은 채소와 고기를 듬뿍 넣고 모짜렐라 치즈를 얹은 뒤, 토마토 뚜껑을 덮습니다.
7. 에어프라이어나 오븐에 180도에서 15분간 구워줍니다.

★ 완성된 팍시에 파슬리를 뿌려주면 더 맛있어요.

cook with BCC!

RICOTTA PIZZA

리코타 피자

미국에서 어학연수를 하던 시절, 친구 기숙사에서 열린 피자 파티. 그날 이 피자를 만들었더니, 국적을 불문하고 모두가 "대체 뭘 넣었길래 이렇게 맛있는 거냐"며 놀라더라구요. 일본, 브라질, 네덜란드 친구들까지 다들 좋아했어요. 물론, 이탈리아 친구는 피자에 대한 신성모독이라며 다른 의미로 화를 냈지만요.

Ingredients

냉동 미니 크루아상 생지 2개
*식빵도 가능합니다.
토마토 페이스트
베이컨 2장
슈레드 치즈(또는 모짜렐라)
루꼴라
리코타 치즈
발사믹 글레이즈드
다진 호두(또는 다진 피칸)
방울토마토 3개
후추

Direction

1. 냉동 미니 크루아상 생지를 하루 전에 해동한 후, 2개를 합쳐 얇게 펴줍니다.
2. 에어프라이어에서 170도에서 15분간 구워줍니다.
3. 구운 생지 위에 토마토 페이스트를 얇게 펴 바릅니다.
4. 잘게 자른 베이컨과 슈레드 치즈를 골고루 뿌려줍니다.
5. 다시 170도에서 10분간 구워줍니다.
6. 오븐에서 꺼낸 후, 루꼴라를 올리고 리코타 치즈를 군데군데 덩어리째 올립니다.
7. 발사믹 글레이즈드를 뿌리고, 다진 견과류와 반으로 자른 방울토마토를 올려줍니다.
8. 마지막으로 후추를 조금 뿌려 마무리합니다.

BEEF TACO

비프 타코

타코라고 하면 왠지 만들기 어려울 것 같지만, 사실 또띠아에 좋아하는 재료를 조합하면 그게 곧 나만의 타코 아닐까요? 복잡한 조리법 없이, 입맛대로 즐길 수 있다는 것이 타코의 가장 큰 매력이라고 생각해요.

Ingredients

또띠아 6인치 2장
파프리카 가루 1T
카레 가루 1T(약간 매운맛)
양배추
후추
하바티 치즈 1장
고수(선택)
올리브 오일
소고기 다짐육(또는 돼지 다짐육) 100g

^치즈는 슬라이스 치즈라면 모두 가능합니다.

Sauce

스리라차 1T
마요네즈 1T
알룰로스(또는 꿀) 1t

Guacamole

아보카도 1개
다진 토마토 2T
다진 양파 1T
레몬즙
소금
후추
청양고추 반 개(선택)

Direction

1. 아보카도를 으깨고, 토마토, 다진 양파, 소금, 후추, 레몬즙을 넣고 섞어줍니다. 매운맛을 원하면 청양고추 반 개를 다져 넣어도 좋습니다.
2. 양배추를 채 썰어 전자레인지에 2분간 돌려 준비합니다.
3. 팬에 올리브 오일을 두르고, 소고기 다짐육을 약불에서 볶아줍니다. 파프리카 가루, 카레 가루, 후추를 넣고 고기가 익을 때까지 볶습니다. 볶은 고기는 따로 덜어둡니다.
4. 같은 팬에 또띠아를 한 면만 살짝 구운 후, 뒤집어서 슬라이스 치즈를 올립니다. 치즈 면이 팬에 닿도록 다시 5초 정도 두었다가 빼줍니다.
5. 스리라차, 마요네즈, 알룰로스를 섞어 소스를 만들고, 구운 또띠아 위에 얇게 펴 발라줍니다.
6. 또띠아 위에 준비한 양배추를 먼저 올리고, 볶은 고기와 과카몰리를 한 스푼씩 올립니다. 고수가 있다면 잘게 찢어서 더해줍니다.
7. 반으로 접어주면 완성!

SWEET & D

달콤

ELIGHTFUL

거움

Playlist

BANANA BREAD
바나나 브레드

건강한 베이킹에 빠져 이것저것 만들어보다가, 밀가루 없이 오트밀과 아몬드 밀가루로 구워봤어요. 기대 이상으로 맛있어서 주기적으로 만들어 냉동실에 쟁여두는 레시피가 되었어요. 그릭요거트와 함께 먹으면 궁합이 아주 좋아요.

Ingredients

오트밀 110g
아몬드 가루 70g
버터 35g(녹여서 사용)
잘 익은 바나나 2개
다진 호두 45g
알룰로스(또는 메이플 시럽) 60g
베이킹 파우더 1t
소금 1t
달걀 1개
시나몬 파우더 1t
바닐라 엑스트랙트 1t
초콜릿 칩(선택)

Direction

1. 모든 재료를 한꺼번에 넣고 잘 섞어줍니다.
2. 초콜릿 칩이 있다면 추가로 넣어줍니다.
3. 반죽을 파운드 틀(16.5 x 8.5 x 6.3cm)에 붓습니다.
4. 에어프라이어에서 170도에서 30분간 구워줍니다.
5. 완전히 식힌 후, 적당한 크기로 잘라줍니다.

✻ 보관 & 먹는 법
잘라서 냉동 보관한 후,
먹기 전에 전자레인지에서 10초 정도 데웁니다.
바나나 브레드 위에 그릭요거트를 올리고 시나몬 파우더를 톡톡 뿌려서 즐기면 더욱 맛있어요!

cook with BCC!

APPLE GREEK
애플 시나몬 그릭요거트

학교 앞 요거트집에서 즐겨 먹던 애플 시나몬 그릭요거트를 집에서도 만들어봤어요. 사과의 상큼함과 시나몬의 향긋함이 그릭요거트와 어우러져, 아침 식사로 더할 나위 없이 좋죠. 이 조합, 기분 좋은 하루를 시작할 수 있게 해줘요.

Ingredients

사과 1/2개
브라운 카야잼 1T
그릭요거트 100g
꿀
그래놀라 15g
코코넛 청크 5g
시나몬 가루
베이글 반 개(선택)

Direction

1. 사과를 작은 큐브 모양으로 썰어 준비합니다.
2. 볼에 그릭요거트를 담고, 그래놀라와 코코넛 청크를 뿌립니다.
3. 썰어둔 사과를 넣고, 시나몬 가루를 취향껏 뿌린 뒤 브라운 카야잼을 크게 한 스푼 넣어줍니다.
4. 꿀을 적당히 뿌려준 후, 잘 섞어줍니다.
5. 베이글에 발라 먹거나 그대로 즐기면 완성!

FRENCH TOAST

프렌치 토스트

한국의 브런치 카페에서 빠지지 않는 메뉴, 프렌치 토스트. 사실 집에서도 정말 쉽게 만들 수 있어요. 일요일 아침, 나를 위한 특별한 한 끼가 필요할 때 원하는 토핑을 올려 커피 한 잔과 함께 즐기면 그 순간만큼은 완벽한 브런치 타임이 된답니다.

Ingredients

식빵(또는 바게트)
우유 50ml
달걀 1개
시나몬 가루(선택)
바닐라 엑스트랙트 1/2t
소금 1/4t
버터
메이플 시럽
좋아하는 과일
슈가파우더

*식빵 한 장당 달걀 1개, 우유 50ml 비율.

Direction

1. 볼에 달걀을 풀고, 우유, 소금, 바닐라 엑스트랙트를 넣고 섞어줍니다.
2. 식빵을 달걀물에 충분히 적셔줍니다.
3. 팬에 버터를 약불에서 녹이고, 식빵을 앞뒤로 노릇하게 구워줍니다.
4. 구운 토스트를 접시에 담고, 메이플 시럽을 듬뿍 뿌려줍니다.
5. 좋아하는 과일을 올리고, 슈가파우더를 톡톡 뿌려 마무리하면 완성!

cook
with
BCC!

CARROT PANCAKE
당근 팬케이크

부다페스트의 유명한 브런치 카페 Cookie Beacon Brunch에서 먹었던 당근 팬케이크가 잊히지 않더라고요. 그 맛을 되살리려 여러 번 시도한 끝에, 드디어 정착한 레시피예요! 당근 케이크를 좋아하신다면 분명 이 팬케이크도 마음에 드실 거예요.

Ingredients

중력분(또는 오트밀가루) 100g
잘 익은 바나나 1/2개
베이킹 파우더 2t
시나몬 파우더 1t
달걀 1개
소금 1/4t
설탕 1T
우유 120ml
바닐라 엑스트랙트 1/2t
채썬 당근 10g
다진 호두 10g
오일(또는 버터)

Toppings

크림치즈 1T
그릭요거트 1T
꿀 1T
메이플 시럽

Direction

1. 볼에 중력분과 으깬 바나나를 넣습니다.
2. 베이킹 파우더, 시나몬 파우더, 소금, 설탕을 추가합니다.
3. 달걀과 우유, 바닐라 엑스트랙트를 넣고 잘 섞어줍니다.
4. 채썬 당근과 다진 호두를 넣고 한 번 더 섞습니다.
5. 팬에 오일을 뿌리고, 약불에서 팬케이크를 노릇하게 구워줍니다.
6. 크림치즈, 그릭요거트, 꿀을 섞어 팬케이크 위에 올립니다.
7. 마지막으로 메이플 시럽을 뿌려 완성!

cook with BCC!

PEANUT TOAST

땅콩버터 바나나 토스트

자취하면서 바나나 한 송이가 주는 작은 행복을 알게 되었어요. 노릇하게 구운 토스트 위에 달콤한 바나나를 올려 한입 베어 물면, 자연스러운 단맛이 입안 가득 퍼져요. 이런 간단한 조합이 이렇게 맛있을 줄이야. 어느새 바나나 한 송이는 흔적도 없이 사라져 버렸네요.

Ingredients

땅콩버터 2T
바나나 1개
그릭요거트 60g
시나몬 가루
식빵 1장
꿀
후추
바질 가루

Direction

1. 식빵을 노릇하게 구워 준비합니다.
2. 그릭요거트와 땅콩버터를 잘 섞어 식빵 위에 고루 발라줍니다.
3. 바나나를 슬라이스하여 식빵 위에 골고루 얹습니다.
4. 꿀을 두른 뒤, 시나몬 가루, 후추, 바질 가루를 뿌려 마무리하면 완성!

cook with BCC!

BCC
Behind The Scenes

BCC Saturday Brunch

오늘은 브런치를 함께 요리했다. 함께 요리하니까 시간 가는 줄 몰랐다. 레시피에 어떤 요리를 넣을지, 앞으로 BCC를 통해 어떤 걸 해보고 싶은지 이야기 나누다 보니, 배는 어느덧 차 있었다. 역시 사람은 하고 싶은 걸 해야 하나 보다!

Hyebbi's Home

오늘은 어떤 카페를 갈까 고민하다가, 평소에 가보고 싶었던 카페에 들렀다. 요즘은 BCC 작업을 위해 어떤 카페를 갈지 찾아보는 것도 은근히 재미있다. 함께 열정을 나누다가 생각지도 못한 아이디어가 떠오르면, 주변에 사람이 있다는 것을 잊은 채 마구 기뻐했다.

Capuccino!

@brunchcoffeeclub

처음 레시피 북의 가제본을 받은 날! 생각보다 훨씬 구어네 나와서 행복했다. 이 날 텀블벅 펀딩 글을 쓰면서 '정말 누가 우리 레시피북을 좋아해 줄까?' 설렘 반, 두려움 반이었다. '후원자가 너무 적어서 펀딩에 실패 하면 어쩌지..' 걱정하다가도, '우리가 만들 때 행복했으니까 괜찮아!' 라며 서로 말해주던 날이었다.

ELLIE SAYS

잠자리에 들며 부엌에 맛있는 아침 메뉴가 기다리고 있다는 걸 알 때면, 어른이 된 지금의 크리스마스이브 같달까요. 다음 날 아침, 냉장고를 열고 그 안에 있는 재료들로 소박한 한 끼를 만들어 먹는 그 순간이, 나에게 주는 작은 선물이라고 생각해요. 좋아하는 노래를 틀어놓고 고소한 커피 한잔까지 더하면, 그날 하루 시작 너무 좋죠. 그런 일상의 작은 순간들을 낭만적으로 바라보면, 평범한 하루도 특별하게 느껴지는 게 좋더라구요. 이 레시피북이 평소와 같은 하루라도 그런 순간들을 더 자주, 더 즐겁게 만들어주는 계기가 되었으면 해요. 평소에 친구들을 집에 초대해 요리하며 그 행복을 함께 나누곤 했는데, 이 책을 통해 그 소중한 기분을 더 많은 분들과 나눌 수 있으면 좋겠어요.

HYEBBII SAYS

이 메시지를 쓰는 지금도, 저는 커피와 아침을 즐기고 있어요. 아 참! 음악도 함께 틀어놓고요. 하루 중 이 시간이 얼마나 기다려지는지 몰라요. 브런치를 챙겨 먹기 시작한 뒤로, 일상이 한층 더 따뜻해지고 심지어 건강하게 변한 것 같아요. 장을 볼 때도, 새로운 요리를 발견할 때도 즐겁고, 그걸 제 스타일로 바꿔보는 과정이 특히 매력적이에요. 매일 밤 '내일 아침엔 어떤 메뉴를 차려볼까?' 하는 행복한 고민이 제 삶의 낙이랍니다. 이 소소한 기쁨을 함께 나누고 싶어요. 생각보다 꽤나 근사하고 즐거운 일이거든요. 그날의 무드에 끌리는 메뉴를 차려내고, 그 순간의 기분에 어울리는 노래까지 틀어두면 그 어떠한 것도 부러울 게 없어져요. 행복은 소소한 데서 오는 법이에요, 맞죠?